見学！日本の大企業
日本通運

編さん／こどもくらぶ

ほるぷ出版

はじめに

　会社には、社員が数名の零細企業から、何千・何万人もの社員が働くところまで、いろいろあります。社員数や資本金（会社の基礎となる資金）が多い会社を、ふつう大企業とよんでいます。

　日本の大企業の多くは、明治維新以降に日本が近代化していく過程や、第二次世界大戦後の復興、高度経済成長の時代などに誕生しました。ところが、近年の経済危機のなか、大企業でさえ、事業規模を縮小したり、ほかの会社と合併したりするなど、業績の維持にけん命です。いっぽうで、好調に業績をのばしている大企業もあります。

　企業の業績が好調な理由のひとつは、独創的な生産や販売のくふうがあって、会社がどんなに大きくなっても、それを確実に受けついでいることです。また、業績が好調な企業は、法律を守り、消費者ばかりでなく社員のことも大切にし、環境問題への取りくみや、地域社会への貢献もしっかりしています。さらに、人やものが国境をこえていきかう今日、グローバル化への対応（世界規模の取りくみ）にも積極的です。

　このシリーズでは、日本を代表する大企業を取りあげ、その成功の背景にある生産、販売、経営のくふうなどを見ていきます。

★

　みなさんは、将来、どんな会社で働きたいですか。
　大企業というだけでは安定しているといえない時代を生きるみなさんには、このシリーズをよく読んで、大企業であってもさまざまなくふうをしていかなければ生き残っていけないことをよく理解し、将来に役立ててほしいと願います。
　この巻では、物流業界最大手として実績と技術を積みかさね、貨物の輸送で日本国内と世界を結ぶ、日本通運をくわしく見ていきます。

目次

1 陸へ、海へ、空へ ……………………………………… 4
2 飛脚から運送会社へ …………………………………… 6
3 日本通運の誕生 ………………………………………… 8
4 戦後の混乱から発展へ ………………………………… 10
5 鉄道貨物を日本じゅうに ……………………………… 12
6 鉄道から自動車へ ……………………………………… 14
7 高い評価をえた引越し業 ……………………………… 16
8 日本通運の倉庫業 ……………………………………… 18
9 海上ネットワークをきずく …………………………… 20
10 航空貨物の急増 ………………………………………… 24
11 さまざまな場面で活躍する日本通運 ………………… 26
12 現送から警送へ ………………………………………… 28
13 環境への取りくみと社会貢献 ………………………… 30

資料編❶ 拡大をつづける海外ネットワーク ……………… 33
資料編❷ 目で見る日本通運の歴史：荷役と車両のうつりかわり … 34
資料編❸ 物流博物館を見てみよう！ ……………………… 36

◆もっと知りたい！ 中国から南アジアへの展開 ……………… 22

●さくいん ……………………………………………………… 38

With Your Life

1 陸へ、海へ、空へ

日本通運は、物流業界の最大手として、日本をはじめ、アジア、アメリカ、ヨーロッパなど、世界各地に輸送拠点をもち、トラック、飛行機、船、鉄道を世界じゅうで活用して、人びとがゆたかな生活をおくるための支援をしている。

With Your Life

▲日本通運のロゴ。赤地に白ぬきのマル通マークは140年ほどの歴史をもつ(→p7)。"With Your Life"(「あなたの生活とともに」の意味)は、2004(平成16)年1月に制定された企業スローガン。日本通運が事業を通じて、社会に貢献している企業であることを発信している。

国内最大シェア[1]をほこる

日本通運株式会社は、国内の物流業として、最大のシェアをほこる企業です。物流とは「物的流通」の略語で、物を生産者から消費者へと移動させるときに必要な活動全体のことをいいます。そこには、輸送、保管、包装、荷役[2]、流通加工[3]、情報という6つの要素がふくまれています。

日本通運の総売上は、国内、国外のグループ全体で約1兆7500億円(2014年度)。「世界日通。」の名のもとに、世界各地に拠点を展開し、国から国への貨物の移動や引越し荷物のやりとりなどを安全・確実にはたすことで、国内的にも国際的にも大きな評価をえています。日本通運は、長く物流業界のトップにあり、人びとの生活の支えとなってきました。現在、災害対策基本法における指定公共機関として、災害時の緊急輸送にも活躍しています。

なんでも運ぶ日本通運

「日通(日本通運)で運べない物はない」といわれるほど、日本通運は、なんでも運ぶ会社として認められています。なかでも、重量・大型品(→p26)や、美術品の輸送(→p27)、鉄道輸送、大規模な事業所移転(→p16)、また国際輸送の分野においての実績で、他社に大きな差をつけています。そのひみつは、陸(鉄道、トラック)、海(コンテナ船〔→p20〕など)、空(専用の航空便など)のすべての輸送手段をカバーしていることです。さらに、引越しをあつかう業者として、「引越しは日通」のキャッチフレーズで、一般の消費者にもなじみ深い存在になっています。

◀日本と世界を走る日本通運のトラック。

*1 ある商品の販売やサービスが、一定の地域や期間内でどれくらいの割合をしめているかを示す率。
*2 荷の積みおろしをすること。
*3 倉庫などで、商品の数をそろえたり、値札をつけるなどの加工をおこなうこと。

見学！日本の大企業　日本通運

▲日本通運の引越し業務スタッフは、ていねい・確実な作業で多くの実績を積み、高い評価をえている。

には個人の引越しをおこなう場面などにも生かされています。このような実績で、日本通運は現在、貨物の運送業者としてだけでなく、引越し業者としても大きな信頼をえているのです。

＊物事のやり方についての知識や技術。

地球環境に対する責任をはたす

日本通運が貨物などを運送するのに利用する手段としては、トラックなどの自動車による運送が中心です。そのため、自動車の排出ガスにふくまれる二酸化炭素（CO_2）などが環境におよぼす影響を考えて、日本通運は、はやい段階からさまざまな対策をとってきました。なかでも日本通運ならではの対策が、モーダルシフト（→p13）です。国内で見ると、すべて自動車（トラック）で運送するのにくらべて、船舶と組みあわせると約59％、鉄道輸送と組みあわせると約75％も、CO_2が削減されるという報告があります。これも、日本通運がさまざまな輸送方法を上手に活用して、地球環境に対する責任をはたしているひとつの例です。

さまざまな引越し

日本通運は、役所や学校などの大規模な引越しで、これまで数多くの注文を受けてきました。国や都道府県などの役所の場合、引越しはビル単位でおこなうことがほとんどです。また、引越しのために役所の窓口が開かない期間があってはなりません。そのため、入念な事前準備が必要です。重要書類や危険物などをふくめた梱包作業、到着後のすばやい荷ほどき、さらに引越した後のオフィスや部屋を、入居する前の状態にもどす原状回復も必要とされます。作業のなかには、引越し当日に大型トラックをとめる場所の確保などの手つづきもふくまれます。そこからえられたさまざまなノウハウ＊は、一般のオフィスやお店、さら

●CO_2排出量の削減に向けて

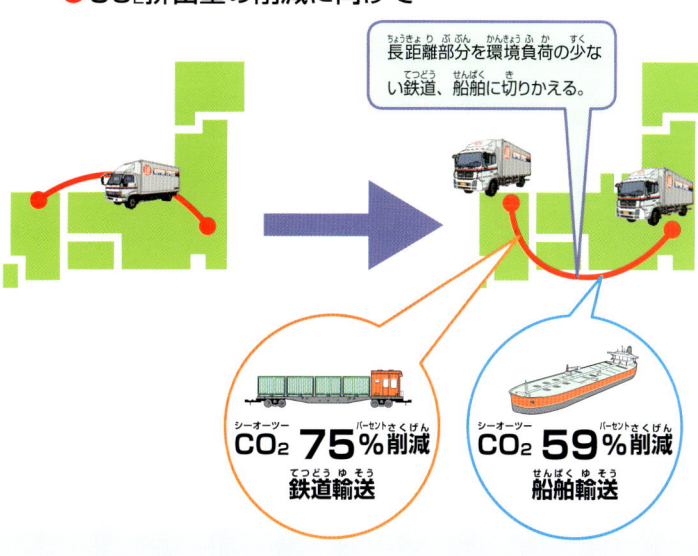

2 飛脚から運送会社へ

日本通運は、明治時代初期に、人と馬を利用した貨物輸送をおこなう運送会社としてはじまった。その後、鉄道、船と輸送手段を広げ、日本全体を結ぶ運送会社としてまたたくまに発展した。それは、明治時代の国の発展をしっかり支えるものだった。

陸運元会社の設立

日本通運のはじまりは、明治時代（1868〜1912年）初期までさかのぼります。日本初の鉄道が東京の新橋から横浜まで開通した1872（明治5）年に、飛脚*1問屋の支配人だった佐々木荘助が中心となって、人と馬を利用した貨物輸送をおこなう「陸運元会社」を設立し、これが日本通運の前身となりました。陸運元会社は、飛脚問屋が集まってその輸送ネットワークをまとめあげ、会社組織にしたものでした。

これより前、明治政府は改革のひとつとして、のちに「郵便の父」といわれた官僚の前島密*2を中心に、飛脚問屋などがおこなってきた郵便事業の国営化を進めようとしました。飛脚問屋は、先祖代々の家業がなくなることに猛反発。そこで佐々木は前島密と交渉して、郵便の国営化を認めるかわりに、飛脚が貨物をおもにあつかう運送会社を設立すれば、国が保護することを約束させていたのです。

▲佐々木荘助（1835〜1892年）。

内国通運とマル通マーク

当時、街道ぞいの各地には、明治政府の指導により、江戸時代に街道輸送をになった人びとが「陸運会社」を設立し、人や馬による運送をおこなっていました。しかしそのやり方には古い習慣がのこり、問題が指摘されていました。そこで政府は、陸運元会社に全国の運送事業を一手に引きうけることを命じ、1875（明治8）年には各地の陸運会社を強制的に解散させました。またこの年、陸運元会社も社名を「内国通運会社」とあらためました。内国通運には、人馬による陸上運送だけでなく、蒸気船「通運丸」や和船をつかって、水上運送も独占させました。内国通運は、これ以降、近代的な通運会社と

▼内国通運の「通運丸」。水をかく外輪のカバーに船名がかかれている。

*1 荷物や手紙などを運ぶ仕事、またはそれをおこなう人。
*2 明治初期の政府にあって、郵便事業のほかに、鉄道の敷設、新聞事業の育成などをなしとげた。

▲昭和初期の宣伝用のてぬぐい。マル通マークの左右にEが入っている。

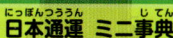
見学！ 日本の大企業 **日本通運**

して発展していきます。

内国通運が発足したころに決められたのが、赤い日の丸に通の字を白くぬいたマル通マーク（→p4）でした。最初は、両側にEの文字を入れたものを社章としました。これは、アメリカで鉄道をつかって貨物をすばやく運ぶ業務を視察してきた前島から、その業務をあらわす「Express」のかしら文字Eをつけるように提案されたためといわれています。Eをつけたマークはその後、日本通運が設立されるまでつかわれました。また、マル通マークは現在もつかわれています。

馬車から鉄道輸送へ、そして水運

陸運元会社は、当時の新しい輸送手段である馬車による長距離輸送にも進出しました。1874（明治7）年に東京から現在の神奈川県小田原市までの馬車路線が開設され、その7年後には大阪まで延長されました。これは、各地の駅（江戸時代の宿場）で馬車を乗りつぎ、人や荷物を運ぶもので、時間もかかりました。しかし、同時期にはじまった鉄道による輸送が人びとに認知されるようになると、馬車による輸送はじょじょに下火になっていきます。1889（明治22）年には東海道線が東京～神戸間に開通し、1891（明治24）年には上野～青森間にも鉄道が開通。貨物輸送でもまたたくまに鉄道が主役となりました。

またこれより前から、両側に水車がついたような外輪汽船もつくられ、各地に就航するようになりました。内国通運会社も、江戸川や利根川流域、東京湾、三浦半島周辺など、おもに関東を中心とした地域で蒸気船の営業をおこないました。

日本通運 ミニ事典

自動車時代の幕あけ

日本に自動車が登場したのは、1898（明治31）年のこととされる。その5年後には、商品の配達に利用されるようになり、1908（明治41）年には日本初のトラック輸送会社が設立された。内国通運では1911（明治44）年に貨物自動車を数台購入した。それは、宮内省＊の御用など特別な目的につかわれたものだったが、しだいに一般貨物に広げられ、その後の自動車時代の幕を開くことになった。

＊第二次世界大戦終戦直後の1947（昭和22）年まで、皇室や皇族の事務を取りあつかった官庁。いまの宮内庁。

▲内国通運の貨物自動車（1914年）。

▼1888（明治21）年の内国通運会社の輸送網（一部）。鉄道輸送がはじまった路線も、黒い線でえがかれている。
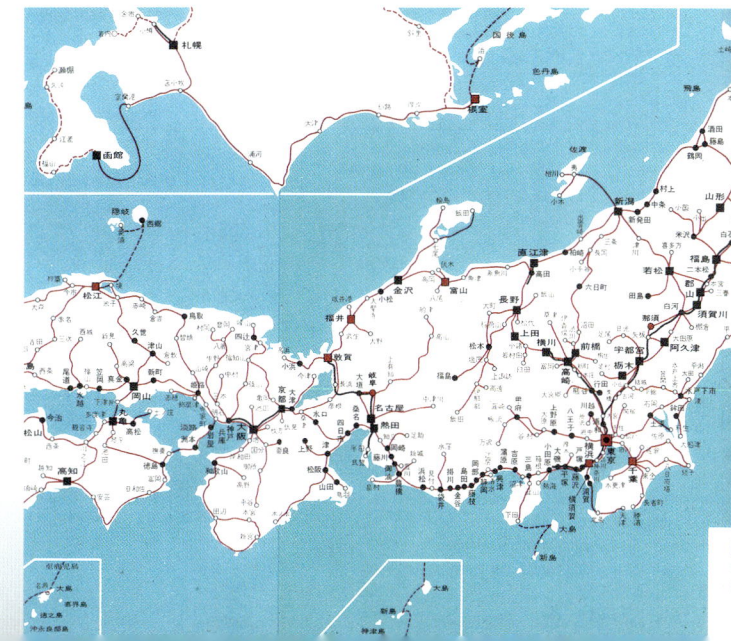

3 日本通運の誕生

鉄道が輸送手段の主流となり、需要がふえつづけるなか、運送業界に多くの個人や企業が参入した。昭和のはじめには、業界の混乱をおさめるために国際通運が設立され、さらに戦争がはじまると、国の政策で日本通運が設立された。

小運送への進出

明治時代、鉄道網が全国的に整備されるようになったころ、鉄道による貨物輸送の部分を大運送、駅から先の集配（集めることと配送すること）や積みおろしなどの仕事を小運送といっていました。内国通運がこの分野に進出したのは、1875（明治8）年のことで、発駅で顧客の貨物を集めて鉄道にのせ、着駅で仕分けしてそれぞれの顧客にとどけるという仕事でした。やがて、内国通運は全国の小運送事業者（駅前の運送店など）を取りまとめる役割をはたすようになりました。

しかし、明治から大正にかけて鉄道が発達した時代には、政府の保護が廃止されて、内国通運の運送業の独占状態はしだいに解消され、各駅前にも多くの運送店が開業して、競争がはげしくなっていきました。1914（大正3）年には、全国に6500軒をこえる駅前運送店がありましたが、資金や信用にかける店も多かったといいます。

写真：鉄道博物館

▲関東大震災の際に、日暮里駅で避難しようとする人びとが列車にむらがるようす。

関東大震災*がおこる

明治時代から大正時代にかけて（1910〜1920年ごろ）は、国内の輸送体制がさらに整備され、海外との貿易による物流もさかんになってきました。そんななか、関東大震災が発生。地震によって被災地の経済活動は1か月にわたりストップしました。鉄道では1400両近くの車両が焼失し、京浜（東京、横浜など）地区にあった倉庫の約85％がうしなわれました。救援物資が各地から送られてきたものの、輸送は混乱し、震災から2か月後の11月には、京浜地区の沿線各駅に合計100万tもの貨物がたまっていたといいます。また船から荷物を陸あげするのに1週間もかかり、上陸しても倉庫がなかったため雨ざらしになっていました。そうしたことが逆に、輸送体制を整備することの重要さを国民に知らせること

▲鉄道が貨物を運ぶようすを、想像をまじえてえがいた版画（1870年）。

*1923（大正12）年9月1日に、神奈川県相模湾を震源に発生した、マグニチュード7.9の大地震。東京を中心に大きな被害がもたらされた。

見学！日本の大企業 **日本通運**

▲関東大震災で救援活動をするトラック。　写真：鉄道博物館

になりました。さらに、鉄道が動けなかったいっぽうで、トラック輸送が重要な役割をはたし、これ以降、自動車による貨物輸送がさかんになっていきました。

国際通運から日本通運へ

関東大震災は、以前からつづいていた鉄道の小運送業界の問題をうきあがらせました。たとえば、東京・汐留駅(→p12)に153、大阪・梅田駅に175もの運送店がひしめきあってたがいに競争していましたが[1]、小さな店も多く、輸送能力も、安心して輸送をまかせられるかどうかの信用性も、満足な状態とはいえませんでした。そこで政府は、たくさんある会社をひとつにまとめることで、むだをなくしていく政策をとりました。政府のつよい指導のもと、内国通運など運送店の取りまとめをおこなっていた中央の大手の会社は、競争相手と合併[2]を進め、1928（昭和3）年3月、「国際通運株式会社」が設立されました。また、各駅前の運送店のあいだでも、この時期、合同が進められました。

その後、1931（昭和6）年に満州事変[3]が勃発して日本が戦争へとつき進む時代になると、輸送の効率化がよりいっそうもとめられるようになり、政府は1937（昭和12）年3月に、「小運送業法」と「日本通運株式会社法」のふたつの法律をつくりました。これによって、国際通運などの

日本通運ミニ事典

元祖宅配便

ドア・ツー・ドア（戸口から戸口まで）で荷物を運んでくれる、宅配便の元祖といえるシステムが、昭和初期にはじまった。鉄道省（いまの国土交通省とJR各社）が1927（昭和2）年からスタートさせた「特別小口扱」は、鉄道を利用して、家からの集荷や配達までセットにして小口（少量）の貨物を運ぶものだった。そのころ台頭してきたトラック輸送に対抗するためで、1935（昭和10）年には料金をさげ、名称も「宅扱」とした。集荷や配達は国際通運がうけおったので、その年の9月に宣伝用として登場させた集配用車両のオレンジイエローは、その後日通カラーとして引きつがれた。

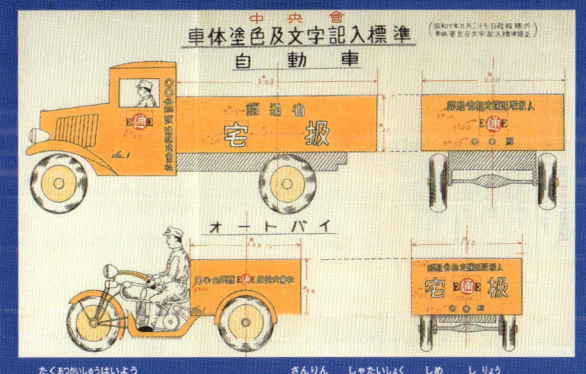
▲宅扱集配用トラックとオート二輪の車体色を示す資料。

業務を引きつぐかたちで、同年10月1日、全国的に統一された半官半民[4]の国策会社[5]「日本通運株式会社」が設立されました。

[1] こうした運送店は独立した経営で、駅に発着する貨物の集配などをおこなっていたが、内国通運をはじめ、中央の大手企業などがつくる、いくつもの輸送ネットワークにも組みこまれていた。
[2] 複数の会社がひとつになること。
[3] 日本が中国東北地方（満州）を侵略しようとした戦争。翌1932年には満州国が樹立された。
[4] 政府と民間企業が共同で出資する事業のかたち。
[5] 政府の援助や指導のもとに設立された特殊な会社。おもに、満州事変から第二次世界大戦終結（1945年8月）までの時期にもうけられた。

4 戦後の混乱から発展へ

戦争中の国策会社から民間企業として再生した日本通運は、戦後のきびしい経営のなかでも、増大する需要にこたえるため、鉄道、自動車、航空、海運など、現在までつづくすべての輸送手段を手がけ、海外への進出にものりだした。

▲戦後まもないころの、貨車からの荷おろしのようす。

民間会社として再出発

1945（昭和20）年8月に第二次世界大戦が終わったとき、日本通運の各地の設備も大きな被害を受け、合計24万m²以上の施設が焼失していました。終戦直後は設備や車両も不足し、戦争からかえってきた人たちで会社はあふれ、経営がきびしくなりました。1948（昭和23）年になると運輸省（いまの国土交通省）は、戦前から戦中にかけて日本じゅうの運送をほぼ独占してきた日本通運に対して、小運送業界に複数の業者がくわわることを認める方針を示し、1950（昭和25）年には小運送事業はあらたな法律にもとづいて「通運事業」へと名称をかえました。日本通運株式会社法も廃止され、日本通運は国策会社（→p9）から純粋な民間企業として生まれかわりました。

トラックが走りはじめた

日本通運の民間会社としての再スタートは、楽なものではありませんでした。トラックや倉庫は戦争によって破壊され、鉄道も貨車不足で輸送力が低下していました。そんななか、連合国軍最高司令官総司令部（GHQ）*1の指導のもとに、まず50km以内の近距離の鉄道貨物をトラック便に切りかえる政策が実施され、日本通運のトラックが大きな役割をになうようになりました。その後、各地に長距離路線トラック*2のネットワークが広がって、1952（昭和27）年には、全国で147路線、路線総距離数も1万2000kmをこえて、全路線トラック事業者の11.5％をしめ、ほかをあっとうすることになりました。

*1 第二次世界大戦後、アメリカ政府が占領政策をおこなうために、日本に設置した機関。
*2 路線貨物自動車運送事業のことで、さだめられた時刻表にしたがい、路線運賃を取って、さまざまな荷主からの荷物をまとめて輸送する。

▶神奈川県の箱根山をこえるトラック便（1957年ごろ）。

見学！日本の大企業 **日本通運**

▲日本からトランジスタラジオを積んで、ドイツへ空輸した（1959年）。

航空機輸送と海運業に進出

戦後は、航空輸送もしだいに発展しました。日本通運は、1949（昭和24）年にはアメリカ・ノースウエスト航空やイギリス・英国海外航空と貨物の代理店契約を結び、国際化への第一歩をふみだしました。1951（昭和26）年には航空部をもうけ、各支社に航空営業所や専任の係をおいて、積極的な営業を展開しました。これが日本の国際航空輸送の先がけとなりました。

昭和20年代なかごろ（1950年前後）には、海運業界も立ちなおりはじめ、朝鮮戦争の特需*1によってめざましく発展していきました。日本通運は1949（昭和24）年に本社に海運部をもうけ、アメリカやイギリスの船会社と代理店契約を結んで、本格的な国際海運業務をはじめました。

*1 朝鮮戦争は、第二次世界大戦後の朝鮮半島で、アメリカが占領していた南部にできた大韓民国と、ソ連（いまのロシア）が占領していた北部にできた朝鮮民主主義人民共和国とのあいだでおきた戦争。特需は、その戦争のために日本が調達した物資などの需要のこと。

▼印刷用巻取紙を本船からはしけ船にうつして、陸あげするようす（1957年ごろ）。

輸送技術の革新

輸送物をある単位（ユニット）にまとめて輸送、保管、荷役をおこなう方法を、ユニットロード・システムといいます。一般にはパレット*2・システムと、コンテナ（→p21）・システムのふたつをさします。輸送物をまとめてフォークリフトなどの機械で荷役作業をおこなうことで、効率があがり、コストもへらせるといいます。日本通運では、廃車を利用して試作したフォークリフトを戦後はやい段階で荷役作業に使用し、1956（昭和31）年には、軽くて折りたためるジュラルミン*3製の小型コンテナも採用しました。ユニットロード・システムはその後、物資輸送の一般的な形式となりました。

また、1959（昭和34）年には、300tの超大型トレーラを導入して、重量品輸送の分野に大きな影響をあたえました。

*2 フォークリフトで貨物を格納・運搬するための荷台。
*3 アルミニウムを主成分とした合金。軽く、強度にすぐれ、加工しやすいため、飛行機の骨組などにつかわれる。

▲ジュラルミン製の小型コンテナの試作品。

▲300tトレーラが登場した（1959年）。

5 鉄道貨物を日本じゅうに

日本通運は、国鉄（いまのJR）とともに、鉄道貨物全盛期を支え、個人から企業までの物流全体をあつかった。自動車輸送に主流がうつったいまでも、環境に適応する輸送を進めている。

▶浜離宮公園から見た、現在の日本通運本社ビル。

陸上貨物輸送を支えた鉄道

昭和20年代から30年代にかけて（1945～1964年）、トラックなど自動車による輸送がふえてはきたものの、この時代はまだ、鉄道が陸上貨物輸送の大部分をになっていました。とくに、京浜（東京、横浜など）、名古屋、阪神（大阪、神戸）などの臨海工業地帯*1を結ぶ大動脈として、鉄道は機能しました。1960（昭和35）年には鉄道輸送のシェアが国内貨物輸送全体の40％近くになり、日本通運でも、1962（昭和37）年の収入は鉄道輸送が半分をしめていました。しかし、1966（昭和41）年には、鉄道輸送と自動車輸送の割合が逆転し、その後、高速道路*2が日本全国にネットワークを拡大するのにともなって自動車（おもにトラック）による貨物輸送が主流となりました。2012（平成24）年前後には鉄道貨物輸送の割合は全体の5％ほどになっています。

国鉄汐留駅の役割

東京都港区東新橋には、鉄道発祥の地とされる初代新橋駅*3がありました。その新橋駅から名まえをかえた汐留駅は、長いあいだ東京の物流

*1 海岸ぞいに発展した工業地帯。海外からの原材料の供給が容易なうえ、うめたてなどにより土地が利用しやすいため、石油化学、造船、製鉄などの大規模な工場がつくられることが多い。
*2 日本初の高速道路として、1963（昭和38）年7月に名神高速道路が一部開通した。
*3 現在のJR「新橋駅」から東へ300mほどの場所にあった。

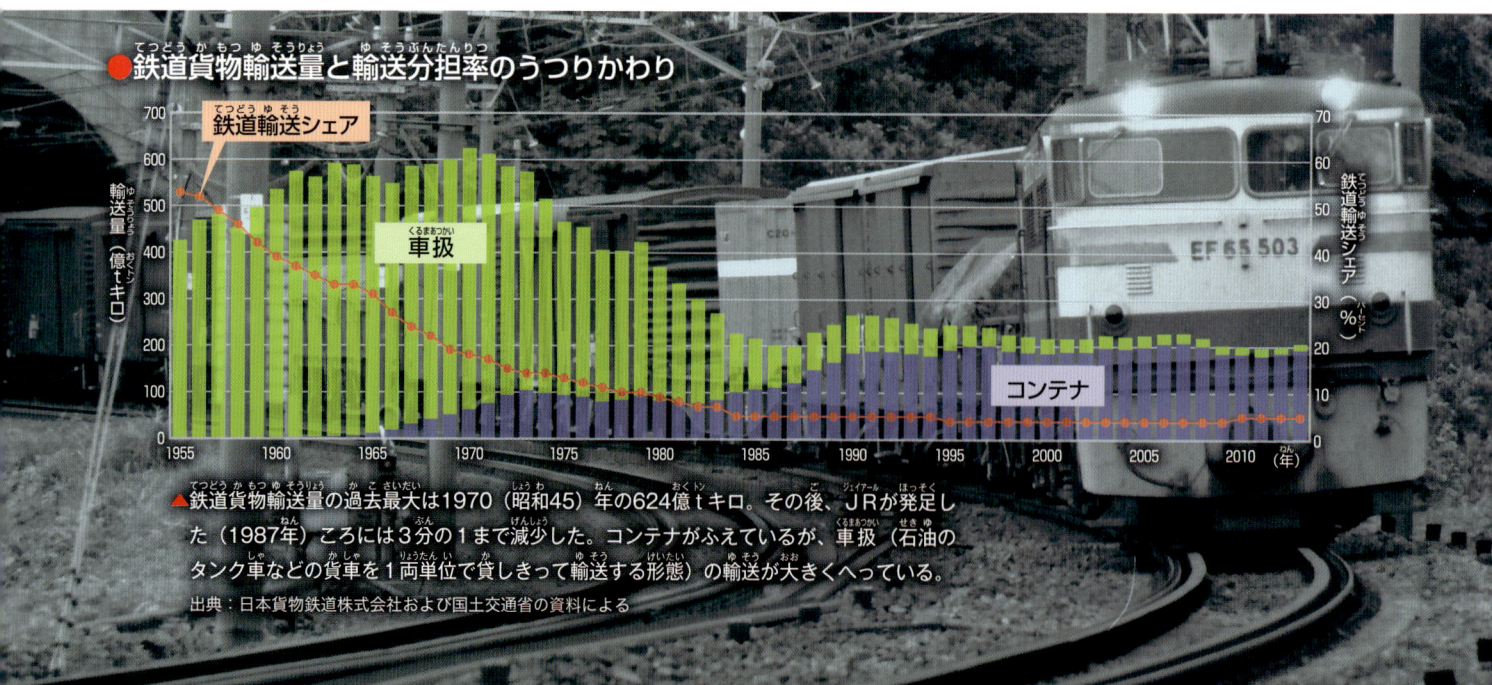

●鉄道貨物輸送量と輸送分担率のうつりかわり

▲鉄道貨物輸送量の過去最大は1970（昭和45）年の624億tキロ。その後、JRが発足した（1987年）ころには3分の1まで減少した。コンテナがふえているが、車扱（石油のタンク車などの貨車を1両単位で貸しきって輸送する形態）の輸送が大きくへっている。
出典：日本貨物鉄道株式会社および国土交通省の資料による

見学！日本の大企業 **日本通運**

「エコライナー31」の31フィートコンテナは、鉄道からトラックへと直接うつされて、輸送される。

の西の玄関口として機能していました。とくに昭和30年代（1960年前後）は、作業時間を延長したり、貨車の運用効率を高めたりして、毎日大量の貨物をさばきました。昭和40年代になってじょじょに取扱量がへっても、その量は年間約300万tもありました。

しかしその後鉄道貨物輸送の主体は、貨車による輸送からコンテナ輸送にかわり、汐留駅の広さでは足りなくなってきたため、1986（昭和61）年10月、汐留駅は114年におよぶ歴史に幕をおろしました。現在、東京には、貨物専用のターミナル（集荷所）として、東京貨物ターミナル駅（品川区八潮）と隅田川駅（荒川区南千住）があり、日本各地へ向かうコンテナ輸送の基地となっています。なお、当時の汐留駅跡地の一角には、現在、日本通運の本社ビルが建てられています。

時代の先端を走る鉄道輸送

鉄道貨物輸送が、1970（昭和45）年以降取扱量をへらしつづけるなか、日本通運でも国鉄と協力して、トラック輸送と鉄道コンテナ輸送を組みあわせ、ドア・ツー・ドア（→p9）の輸送をおこなうなどのくふうをしました。その後、それまで

の積載重量5tコンテナ、10tコンテナにくわえ、小型の2tコンテナを開発するなど、さまざまな努力を重ね、利用者の要望にこたえました。近年では、長距離の陸上輸送をトラックから鉄道や船舶に切りかえること（モーダルシフト）が、地球温暖化の原因のひとつとされるCO_2の排出量をへらすのに有効だとして、注目されています。

環境にやさしい鉄道

環境保護に取りくむなかで、日本通運がJR貨物と共同で開発したのが、2000（平成12）年にはじめた31フィート*コンテナ「エコライナー31」です。鉄道コンテナはそれまで長さが12フィート（積載重量5t）と20フィートのものが主流でした。31フィートコンテナは、出荷や入荷の荷役方法も大型トラックへの積みおろしとかわらないため、輸送する単位や荷役作業を変更することなくモーダルシフトを実現できるので、普及が進んでいます。日本通運では、31フィートコンテナ専用列車として「スーパーグリーン・シャトルライナー」を2006（平成8）年から、東京〜大阪間を8時間で毎日運行させています。

＊1フィートは約30.5cm。31フィートは約9m50cm。

6 鉄道から自動車へ

貨物の輸送は、時代の変化にともなって、鉄道から、小まわりのきく自動車が主流となっていった。自動車は、家庭に直接小荷物をとどけることから、大型の重量設備を運搬することまではば広く活躍した。それは道路網が整備されることで可能となった。

ドア・ツー・ドアの時代

　1960年代後半（昭和40年～）以降、ドア・ツー・ドア（→p9）の便利さが認められてきたのと、小口の貨物がふえたなどの理由から、長距離も近距離も、トラック輸送が主流となってきました。またこれには、高速道路など道路網が整備されたことも大いに影響していました。

　一定区間を往復する路線トラック（→p10）の業界は、ネットワークを拡大するために支店をふやし、拠点に大型ターミナルをもうけるなどして、顧客獲得のためはげしくきそいあいました。日本通運でも、集荷や仕分けをおこなうターミナルを、東京、名古屋、大阪などに建設しました。また1990年代（平成2年～）には、トラックの荷物をたがいに積みかえて、積荷を満載にした直行便を走らせる、結節（物流の節となる）ターミナルを導入し、効率だけでなく環境面でも役にたつよう、改善を進めました。

▲特急アロー便のトラック（1976年ごろ）。

アロー便がエースになった

　トラックが鉄道をぬいてNo.1の輸送手段になってから（→p12）、鉄道とトラックの差は開くいっぽうでした。しかしその時期、日本通運の路線トラックは業界のライバルたちにおくれをとっていました。そこで、1976（昭和51）年にはじめられたのが、「特急アロー便」（のちのアロー便）でした。「特急」と名づけたのは、業界に先がけて、いまではあたりまえとなっている翌日午前中の配達サービスをはじめたためでした。従来から一歩進んだ新しいサービスは、全国をつなぐ日本通運のネットワークを生かした、正確さとはやさが売りもののシステムとして、高い評価をえました。

▲大阪関目ターミナル（上、1962年ごろ）と、神奈川県中井の結節ターミナル（右、1992年）。

見学！日本の大企業 日本通運

▲田子倉ダム（1960年完成・福島県）建設のための資材運搬トラックと鉄道。鉄道も日本通運が運営した。

電源開発に活躍

　自動車輸送が活躍する場のひとつに、ダムや水力発電所を建設する、電源開発があります。ダムは多くの場合山間部に建設されるので、材料を運びこむための道路づくりからはじまって、コンクリートなど大量の建設資材を運ぶのに、トラックやトレーラが大活躍します。大出力の発電のための変圧器などの設備は、重量が100～200tもある超重量品で、特別な輸送が必要とされました。日本通運では1954（昭和29）年には120tトレーラ、1959（昭和34）年には300tトレーラ（→p11）を製造し、運搬能力を大きく向上させ、輸送時間を削減することに成功していました。当時は一般道の整備もあまり進んでいなかったため、巨大なトレーラを走行させるのに、くわしい測量やチェックを事前におこない、強度の足りな

い橋や道路の補強もおこないました。また山間部では、まがりくねった山道を安全にのぼるために、さらに綿密な計算がおこなわれたといいます。このような分野でも、この時期、日本通運は先端の技術と経験で、業界をけん引していました。

日本通運 ミニ事典
自動車輸送と高速道路

　日本のトラック保有台数（小型・三輪をふくむ）は1945（昭和20）年末には約10万台だったが、3年後には18万台、10年後には70万台とのびていった。自動車による貨物輸送も、1950（昭和25）年の約3億tから5年間で1.8倍になった。自動車による輸送量は、その後もさらにはやいペースでアップした。それには、道路網の整備がかかせなかった。1963（昭和38）年の名神高速道路の部分開通にはじまって、東名高速道路、中央自動車道、東北自動車道など、高速道路ネットワークが日本を縦断するように整備されていった。国内貨物輸送量のうち、自動車がしめる割合は、1983（昭和58）年にはすでに、輸送トン数でみると90％をこえていた。

▼1969（昭和44）年、東名高速道路（東京～名古屋・小牧間）が全区間開通した。

写真：中日本高速道路株式会社

15

7 高い評価をえた引越し業

運送業者として、企業の需要にこたえて遠距離まで貨物を運ぶいっぽうで、オフィスや個人向けの引越し業が、日本通運のもうひとつの顔だ。かぎられた日程のなかで、効率よく、確実に引越しを完了する実績で、日本通運は高い評価をえている。

史上最大の引越し作戦

取りあつかう分野のひとつである引越しで、日本通運は、多くのビルや建物の移転をおこなってきました。

1991（平成3）年4月に東京都庁が、千代田区丸の内から新宿区西新宿に移転したとき、「史上最大の引越し作戦」といわれたほど話題になりました。旧庁舎と新庁舎のあいだの距離は8kmしかありませんでしたが、高さ243mの高層ビルに1万3000人がいっぺんに移動したのです。資料や文書を運ぶだけでも、2t車で3500台分のトラックとのべ2万人のスタッフが集中的にはたらきました。そのうえ、同時期に東京都立大学（いまの首都大学東京）が東京都目黒区から東京都西部の八王子市に移転するプロジェクトも、日本通運は進行させていました。こちらは、書籍のほかに機械類、薬品類などさまざまなものを移動する必要があったため、4t車で4000台、のべ4万2000人のスタッフがはたらきました。3月から4月にかけては年間の引越し需要の3分の1が集中しますが、その時期にこれだけの大プロジェクトをなしとげたことで、日本通運の評価はさらに高まりました。

▲▶新宿区に建設された東京都庁ビル（左）と、移転のようす（上、1991年）。

地域ぐるみの移転

2000年代（平成12年〜）に入ってからも、大規模な引越しプロジェクトは数多くおこなわれています。防衛庁（いまの防衛省、2000年4月）、さいたま新都心*（2000年5月）、総理大臣官邸（2002年4月）などでは、重要な機密情報を取りあつかうため、100％の安全と保安がも

*さいたま市中央区にあるJR「さいたま新都心駅」をはさんだ業務地区。東京の首都機能を補完することが計画され、官庁などが進出している。

見学！日本の大企業 **日本通運**

▲さいたま新都心の移転作業のようす。

◀汐留地区の移転作業のようす。

とめられました。さらに近年では、東京だけでも、六本木地区、品川駅周辺、東京駅周辺、秋葉原地区、汐留地区など、地域の再開発にあわせた総合的な移転を手がけています。日本通運は、地域ぐるみで移転するのをまとめる調整役としての役割をはたしています。

海外への引越し

高度経済成長期*1以降、多くの企業が海外へと進出し、海外ではたらく駐在員やその家族などのための引越し業務も、どんどんふえていきました。日本通運はこの分野でも他社をリードしてきました。1976（昭和51）年には海外引越し専門の事業所がもうけられ、3年後にはアメリカのニューヨークに、日本通運の引越し専用センターが完成しました。

▼アメリカで活躍する日本通運のトラック。

海外で生活をはじめる人たちは、ことばだけでなく、渡航手続きから日用品の買い物まで、さまざまなことが問題となります。そのような問題を解消する手だすけとして、日本通運は留守宅の管理や、帰国子女の教育相談、さらに、日本にのこしていく家具などを保管するトランクルーム*2の手配まで、はば広いサービスをおこなっています。いまでは、世界じゅうほとんどの地域の日本通運の拠点で、日本人のスタッフが海外生活全般をサポートする体制ができていて、海外引越し業務でトップシェアとなっています。

*1 1954（昭和29）年ごろから1973（昭和48）年ごろまで、日本経済が飛躍的に発展した時期のこと。
*2 個人や企業の物品などを収納する貸し倉庫。

日本通運 ミニ事典

「えころじこんぽ」

個人やオフィスの引越しのときには、特別に開発された引越し資材が活躍する。日本通運が独自に開発した、反復（くりかえしつかえる）資材をつかった「えころじこんぽ」には、ウレタンで食器を守る「食器トランク」、くつを収納する「シューズボックス」、プラスチック収納ケースの「プラコン」などがあり、くりかえしつかうことで環境保護につながっている。さらにコストも削減できるため、代金も割安になる。「えころじこんぽ」は、環境にやさしい商品を審査するエコプロダクツ大賞の、2006（平成18）年度エコサービス部門で、国土交通大臣賞を受賞した。

▶「えころじこんぽ」の引越し資材（写真はキャラクター）。

8 日本通運の倉庫業

日本通運は、倉庫業を流通の重要な分野としてとらえている。
1941（昭和16）年にはじまった保管専用の倉庫から、
多機能な流通施設へと進化してきた日本通運の倉庫は、
日本一の規模をほこり、日本の流通のかなめとなっている。

保管する倉庫から多機能な倉庫へ

1970年代（昭和50年前後）までの倉庫の役割は、保管が中心でした。米を例にとると、収穫された後に在庫し、それを少しずつ市場に出すことで、1年じゅう、消費者に適切に提供することがもとめられていたためです。その後、工業製品の保管がふえてくると、季節をとわず必要なときに必要なだけ出庫することが重要になってきました。倉庫はそのような要求にこたえると同時に、商品の仕分け、加工、輸送などの機能をもつようになってきました。ときには倉庫内で、商品の値札づけ、箱づめ、さらには製品の組立などまでおこなうこともあります。荷物をおくだけの場所だった倉庫は、ビジネスの環境が変化し、ことなる産業が複雑に結びつくなかで、多機能な流通施設として重要な役割をもつようになりました。

▼検品作業時の、入力用パソコン。

国内No.1の日本通運の倉庫

日本通運の倉庫（物流センター）は、国内No.1の面積とネットワークをほこっています。2013（平成25）年現在で、営業倉庫は全国約1200拠点、合計面積が約260万m²、全流通施設をあわせると約2400拠点で面積約680万m²、東京ドーム*にして約147個分と、ぼう大な床面積をほこっています。倉庫は多くの企業の原材料や製品を在庫・供給するための拠点としての役割をはたすだけでなく、国際輸送をサポートするためにもはたらきます。日本通運の倉庫は、工場やほかの配送拠点からあずかる貨物を、メーカーや個人、またほかの企業などに、正確、安全に手わたすために必要なすべての調整をおこなっているのです。

＊東京ドームの建築面積は、約4万6000m²。

●倉庫内でおこなわれる作業

① 入庫
品名・数量の確認、外装（包み）の点検、仕分けなど。

② 保管
品番ごとの管理、ロット*管理、入庫日管理、在庫報告など。
＊生産や出荷の単位としての、同一種類の製品の集まり。

見学！日本の大企業 **日本通運**

▲原木インターナショナルロジスティクスタウンは、成田空港と羽田空港の中間（千葉県市川市原木）に位置し、東京港にも近く、総合物流センターとして、国際貨物と国内貨物のつなぎ役の機能をはたしている。

カーは注文データを送るだけで、外国から国内の販売店まで安全・確実に製品がとどけられるのです。とくに医療機器などは人命にかかわるものなので、日本通運ではこまかくチェックし、出荷のあやまりや不足が出ないようにつとめています。

＊1 ロジスティクスとは、原材料の調達・生産・販売まで、物流を効率的におこなう管理システムのこと。
＊2 貨物の輸出入の許可を受け、税関を通過すること。

サードパーティロジスティクス＊1

日本通運の倉庫業務のなかでも近年拡大をつづけているのが、サードパーティロジスティクスとよばれる分野です。サードパーティロジスティクスとは、物流の改善を提案して、顧客にかわって実行し、最適な効率化をはかることと定義されます。それは、顧客のビジネスの物流について、倉庫の立場から改革を提案することともいえます。

ある医療機器メーカーの場合は、外国で生産される製品の輸入、通関＊2業務、倉庫業務、国内輸送まで、すべてを日本通運がおこないました。一連のシステムができあがっているので、メー

日本通運 ミニ事典
倉庫の歴史

日本の倉庫のルーツは、弥生時代＊1の高床式木造倉庫までさかのぼるとされる。東大寺の正倉院＊2も倉庫だった。明治時代（1868～1912年）以降は、レンガづくり、鉄骨づくり、鉄筋コンクリートづくりと発展してきた。倉庫は、その時代の国民生活にかかすことのできない生活必需品や、さまざまな素材や製品を、きちんと管理して保管し、必要なときに出すという重要な役割をはたしてきた。倉庫は、いつの時代も経済発展の足もとを支えているのだ。

＊1 紀元前10世紀から紀元3世紀なかごろまで。中国文化の影響を受けて、水稲耕作や金属器の使用がはじまったとされる。
＊2 奈良時代（710～794年）に東大寺境内に建てられた、木材を積みあげて壁にした構造（校倉造）の倉。聖武天皇の遺品や、当時の多数の美術工芸品がおさめられており、ユネスコの世界文化遺産に登録されている。

▲京都府舞鶴市にのこる、明治時代建造の赤レンガ倉庫。

③ **出庫**
出荷先ごとのピッキング＊、検品、納品書の発行・封入、梱包など。
＊商品を集めること。

④ **出荷**
輸配送の手配・積みこみ。

9 海上ネットワークをきずく

鉄道、自動車とならんで、日本通運の柱となっているのが
船舶による海運事業だ。日本通運では時代のながれをつかんで、
自動車専用船もコンテナ船もいちはやく採用した。
日本列島をつつみこむ海上のネットワークは、さらに海外へと広がる。

専用船の登場

第二次世界大戦により、日本通運の海運事業は縮小しましたが、戦後は経済の復興にともなって、ふたたび活気を取りもどしました。その後順調に発展をつづけ、取扱量は1955（昭和30）年を100とすると、6年後には2倍以上になりました。海運事業の取扱支店は300に達し、全国のおもな港には日本通運の支店がかならずありました。

モータリゼーション*1が進むなかで、自動車そのものを輸送する需要が高まってきた1957（昭和32）年に、日本通運は日本初となる自動車専用船「第一金綱丸」を就航させました。さらに、1988（昭和63）年に本州四国連絡橋が完成*2するまで、瀬戸内海では日本通運のフェリーボートが物流の動脈の役割をはたしました。1970（昭和45）年には日本通運初の大型カーフェリーを、兵庫県神戸市と香川県高松市のあいだに就航させ、その後、日本列島をかこむようにふえるフェリー航路の先がけとなりました。

内航海上輸送システムの展開

1960年代から1970年代にかけて（昭和40〜50年ごろ）、鉄道や道路による輸送の混雑のどあいが進み、安定した貨物輸送が重要になってきた時期に、それらにかわる輸送方法がもとめられました。1971（昭和46）年に就航した日本通運の「あかしあ丸」は、海上輸送用に開発された12フィートコンテナを利用した、本格的な内航（国内航路）コンテナ専用船として、需要を満たす役割をはたしました。さらに1980（昭和55）年ごろから、日本通運は内航海上輸送システムをより積極的に展開します。1983（昭和58）年に就航した「新あかしあ丸」は、12フィートコンテナを236個積みこめ、港ではガントリークレーン*3で荷役作業がおこなえる新造船でした。その後は、20フィートや40フィートの大型コン

▼▼最初の自動車専用船（左、1958年ごろ）と、日本通運のマークをつけ、瀬戸内海でトラックを運ぶフェリー（下、1957年ごろ）。

*1 自動車が一般的な乗り物となり、生活必需品として普及すること。
*2 児島・坂出ルート。
*3 岸壁にレールをもうけて、その上を移動できる構造をもつ、橋脚型の大型クレーン。

見学！日本の大企業 日本通運

▲RORO船「ひまわり6」。

テナや、冷凍コンテナを積みこんだり、トラックやトレーラをそのまま船内におさめて運んで港に到着後すぐに出発できる船舶（RORO船）のシステムを導入したりしました。現在、国内では、東京〜北海道（苫小牧港）、東京〜九州（博多港）、九州〜北海道などの長距離航路を中心に、日本通運グループのコンテナ船が運航しています。

世界じゅうへコンテナ輸送

内航輸送では12フィートのコンテナがおもにつかわれたのに対し、国際輸送では20フィートや40フィートのコンテナが主力となりました。1967（昭和42）年にはじめてアメリカのコンテナ専用船がやって来ました。翌年には、日本郵船のコンテナ専用船「箱根丸」が、日本ではじめてアメリカの西海岸までコンテナを運びました。

このののち、日本の海運業界はいっせいにコンテナ専用船を利用するようになります。

日本通運では、海運と鉄道、トラックを組みあわせた国際的な輸送システムをきずきました。1970（昭和45）年には隣国の韓国へ、鉄道用のコンテナがフェリーではじめて海をわたり、アジア大陸に入りました。その後、シベリア経由でヨーロッパへ、カナダのバンクーバーからカナダ東部へ、さらにはイラクやクウェートなどの中東地域へと、国際輸送のルートを広げました。

▼ガントリークレーンでコンテナ船からコンテナを荷おろしするようす。

日本通運 ミニ事典

コンテナとは？

コンテナとは、鉄道、トラック、船舶、航空機などを利用して輸送物を運ぶために規格化された、おもに直方体の箱。鉄やアルミニウムなどでつくられることが多い。はじまりは、18世紀にイギリスで、運河を航行する石炭運搬船用に考案されたという。しかし、コンテナにばらばらな大きさの荷物をつめて、船から陸、また鉄道へうつして輸送するというアイデアが本格的に実行されるようになったのは、20世紀の後半からだ。現在、日本では船舶用のコンテナ（おもに、長さ20フィートと40フィート）と、鉄道用のコンテナ（おもに、長さ12フィート、20フィート、31フィート）に大きくわかれる。

21

もっと知りたい！
中国から南アジアへの展開

海運と鉄道、トラックを組みあわせた日本通運の物流が海外で大きく展開している例として、中国から南アジアの地域の現在を見てみましょう。

中国国内へ

世界一の人口と広大な国土をもつ中国では、現在、電化製品や自動車をはじめとした、あらゆる製品の需要が急速に高まっています。日本通運が中国国内で進めている物流システムは、混載*トラックによる高速小口輸送サービス。上海や広州などをスタートするトラックのルートが、沿岸地域から内陸部まで100か所以上（2014年現在）の拠点を結んでいます。さらに海上では、2003（平成15）年に就航した「上海スーパーエクスプレス」が、博多港（福岡）～上海港（中国）間を片道28時間で運航しています。これによって、日本国内を鉄道で移動し、上海スーパーエクスプレスで航行し中国へ、さらにその先はトラックという組みあわせで、日本から中国の目的地までを4日で結ぶサービスが実現されました。東京～上海間でみると、コストの高い航空便を利用しても倉庫から倉庫まで3日かかり、コンテナ船だけでなら6～10日もかかるため、時間もコストも削減できることで、企業から好評をえています。そのほかにも、日本各地から博多港に近い福岡空港まで航空機で運び、その先は上海スーパーエクスプレスを利用したり、高速RORO船（→p21）を利用したりするなど、いくつかの組みあわせで、顧客に最適な輸送方法を提案しています。

*ひとつのコンテナにことなる依頼主の貨物をまぜて積みこむこと。

● 中国国内のトラック輸送網

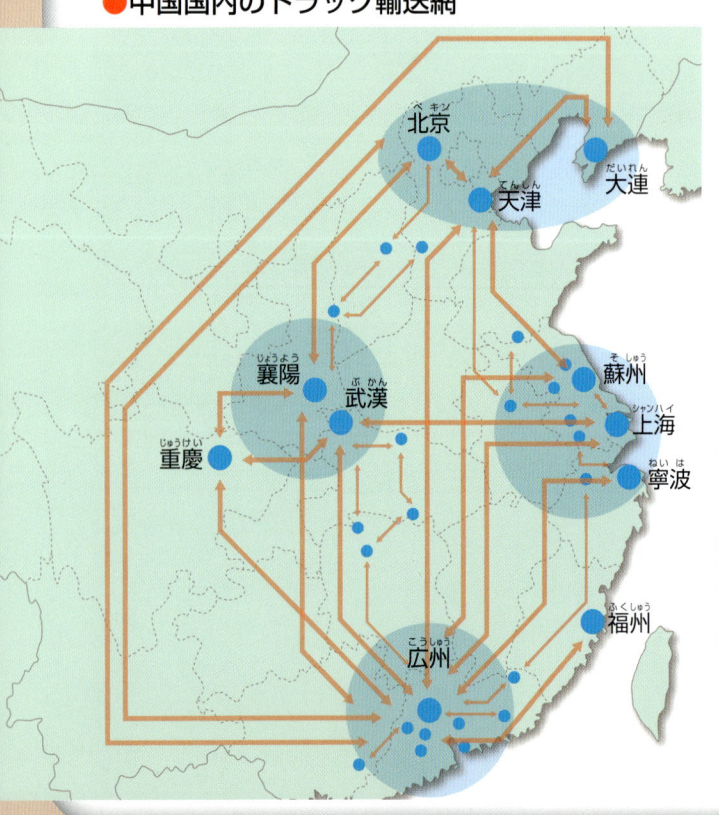

● 上海から日本国内の場合

▲ 上海港を出発するコンテナ。

▲ 博多港に到着する上海スーパーエクスプレス。

▲ コンテナ列車で目的地へ。

▶ トラックで顧客へ。

ASEAN*と南アジア諸国へ

　東南アジアから南アジア（インド）にかけての地域は、ゆたかな労働力によって、世界の生産工場といわれ、先進国の企業が工場をたくさんもうけています。同時に、いっそうの経済発展が見こまれる地域として、巨大な市場ともなっています。この地域は国同士の経済的な結びつきをいっそうつよめる傾向にあり、貿易が活発化しているため、輸送ルートの整備が急がれています。日本通運は各国に拠点をもうけ、さまざまな輸送ルートと輸送方法を開発しています。日本通運独自の品質基準をたもちながら、地域の特徴や顧客の必要性に柔軟に対応することで、地域全体の成長と発展を物流の立場から支援しているのです。

●SS7000輸送ルート

　日本通運では、ASEANのネットワークのうち、中国・上海からシンガポールまでの約7000kmを結ぶ陸上の輸送ルートをSS7000とよび、定期的な混載サービスをおこなっている。SS7000は4つの幹線ルートから構成されているが、顧客の必要性にあわせて、ルートをさまざまに組みあわせても利用できる。ここでも、地域の必要性にあわせた物流サービスを提供している。

●インドの日本通運

　物流においても南アジア最大の需要をもつインドに、2007（平成19）年、インド日本通運株式会社が設立された。ASEANからの物流の受けいれ拠点である、インド南東部のチェンナイから、国内20都市にもうけられた支店や営業所に、定期的なトラック輸送がおこなわれている。各営業所では、日本での経験と知識にもとづいて、輸出入だけでなく、国内・国外への引越しや、倉庫業もおこなって、地元の物流を支援している。

*東南アジア諸国連合。1967年にインドネシア・シンガポール・タイ・フィリピン・マレーシアの5か国で結成した地域協力機構。その後、ブルネイ・ベトナム・ラオス・ミャンマー・カンボジアが加盟した。

●ASEAN・南アジアの輸送ネットワーク

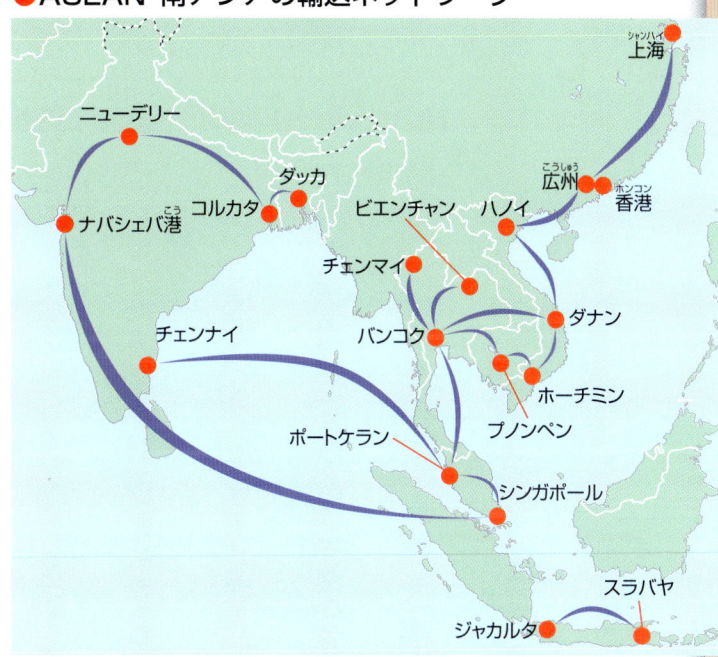

●上海とシンガポールを結ぶSS7000

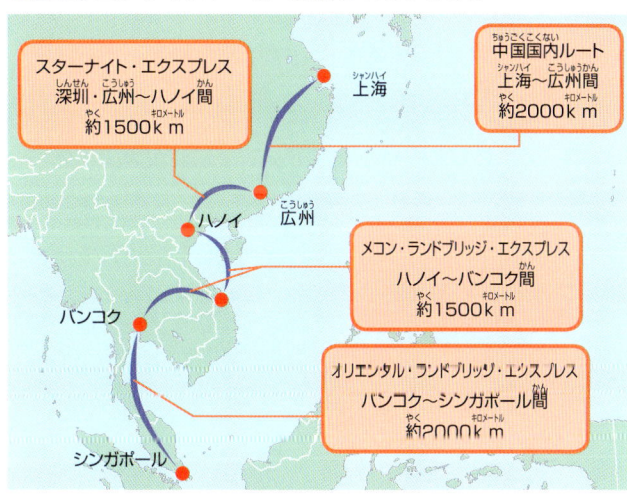

●インド国内の日本通運の支店・営業所ネットワーク

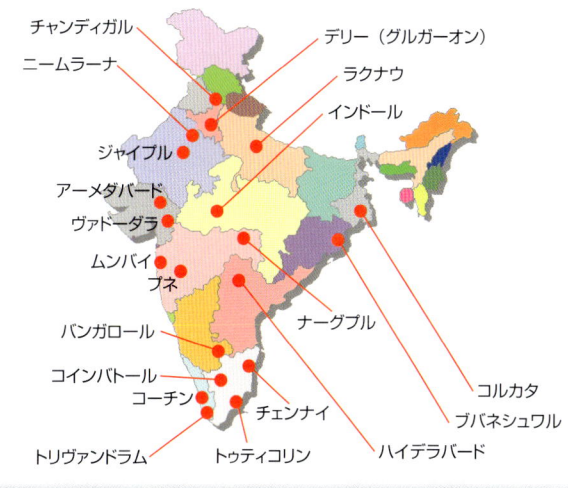

10 航空貨物の急増

1950年代後半から、航空貨物輸送は本格化し、物流がいっそう発展した。東京オリンピック、万国博覧会などのイベントや、ジャンボジェットの登場などをへて、国際線でも国内線でも、日本通運は航空貨物輸送で大きなシェアをしめた。

日通航空がはじまる

航空機を利用した貨物輸送は、いまではふつうのことですが、1955（昭和30）年に日本通運が国内航空の混載輸送業務をはじめて、「空の宅扱」とよばれたころ、集配業務をふくめて航空機で運送することは、画期的なことでした。「日通航空」*は国内だけでなく、1957（昭和32）年からは国際航空混載業者として承認され、アメリカ・ニューヨーク、イギリス・ロンドン、オランダへと、次つぎにルートが確立されていきました。

当時の日通航空は旅行部門が中心で、1958（昭和33）年ごろの営業収入は、旅行部門が1か月約300万円だったのに対し、国際貨物は150万円ほど、国内貨物は40万円ほどでした。しかしすぐに国内貨物が大きくのびて国際貨物を上まわりました。ほかの業者もくわわって競争がはげしくなっても、市場の7割ほどのシェアをしめていた国内貨物は、国際貨物と旅行部門をぬいて、日本通運の航空部門全体の売上の約40％をしめるようになりました。

*日本通運の航空部門が、ひとつのブランドとして、このようによびならわされている。

▼羽田から札幌に電算機を輸送した。

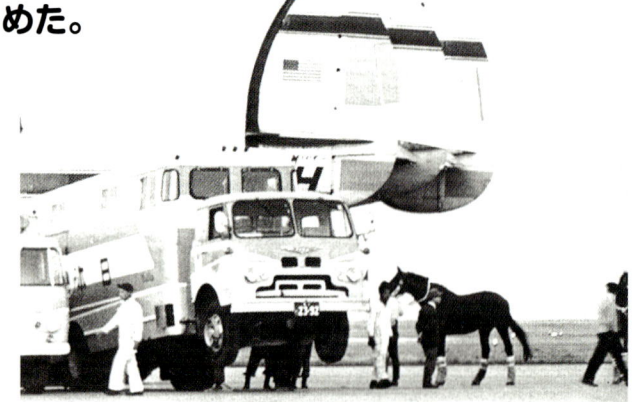

▲東京オリンピックで競技用の馬を輸送するようす（1964年）。

東京オリンピックで公認

1964（昭和39）年10月に開かれたオリンピック東京大会で、日本通運は日本でただひとつの公認運送取扱人として指名されました。日本通運では、大会の2年前から、大会に必要な資材や、各国の選手の荷物を安全・確実に輸送するた

▼羽田空港での、初期のカーゴカー（貨物運搬車）（1957年ごろ）。

▲羽田空港で、日本通運の航空コンテナを運ぶようす。

めの準備をはじめました。とくに航空輸送は重要な役割をはたし、すべてにわたって、事故も災害もなく完了することができました。日通航空はこれで、広く世界に認められることになりました。

スーパーペリカン便の登場

1991（平成3）年、航空貨物業界初の航空宅配便としてはじまった「スーパーペリカン便」は、離島などをのぞいて、日本ではじめて宅配便の全国翌日配達を実現させました。さらに、通常のペリカン便[*1]の取扱営業所で受けつけることで、宅配便の便利さが格段にましたといいます。それまで航空便をつかうときは、使用するときの状況によって料金がばらばらだったのですが、それが一本化され、一般の人びとにも利用しやすくなったのです。そのころ一般の家庭でも、生鮮食料品を産地から直送でとどけてほしいという要望が高まってきました。航空機を利用したクール便[*2]は、そのような需要を満たし、スーパーペリカン便は利用がどんどんのびていきました。

[*1] 1977（昭和52）年から2009（平成21）年まで、日本通運が展開した宅配便事業の愛称。現在は、郵便事業の「ゆうパック」に引きつがれている。
[*2] 冷蔵が必要な荷物を、保冷状態で輸送できる車両を利用した宅配便。

見学！日本の大企業　日本通運

日本通運 ミニ事典

ジャンボ時代の到来

1970（昭和45）年の大阪万国博覧会の開催にあわせて、東京の羽田空港にボーイング747型機、通称「ジャンボジェット」がはじめて飛んできた。ジャンボ機は、一般的な航空機の機体にくらべて、人数も貨物量も2～3倍もの収容力があった。国際線からはじまり国内線にもジャンボ機が導入されることで、取扱量はその後20年で、国際線で約15倍、国内線で6倍以上にふえた。またそれまで不可能だった大型・重量貨物なども輸送できるようになった。1978（昭和53）年には、新東京国際空港（現在の成田国際空港）も開港し、大量航空輸送時代がはじまった。日本通運はその後も航空貨物で多くの貨物を運び、活躍をつづけている。

▼ジャンボジェット導入のころ、輸入貨物が急増して混雑する羽田空港。

▼ジャンボジェットへの積みこみ作業。

11 さまざまな場面で活躍する日本通運

数百tもの大型機械、新幹線車両、さらには有名な美術品など、大きな輸送プロジェクトには、日本通運の経験と技術が最大に生かされる。

「足のある建設業者」

建設業の免許をもつ日本通運の重機[*1]建設部門は、「足のある建設業者」といわれ、あらゆる重量品の輸送から施設の組立までを手がけることを特長としています。500tのトレーラ、800tのクレーンなど、大型機器用の輸送車両や機械装置を独自に開発する技術力でも、世界の最先端を進んでいます。仕事の範囲は、原子力・火力・水力の発電所関連機器、製油所や石油化学プラント（工場施設）、また橋やモノレールなどの輸送やすえつけ工事、さらには新幹線車両やロケットなどの輸送にまで広がっています。

海外において日本通運が活躍したプロジェクトのひとつが、1976（昭和51）年からはじまった、イランと日本の合弁[*2]会社による石油化学プラント建設工事でした。資材の輸送、プラントのすえつけなどに数年をかけ、のべ数百人の従業員がたずさわりました。工事の途中でイラン革命[*3]がおこり、作業に大きな支障が生じましたが、それでも日本通運は担当した工事を完了させました。

▼サウジアラビアで海水の淡水化プラントをモジュール（分割部分）にして、巨大トランスポーター（輸送車）で運ぶようす。

①日本から運ばれ、上陸するモジュール

②モジュールをまつトランスポーター

③トランスポーター12両が一組となって活躍する

[*1] 重量品輸送や土木・建築にもちいる大型の機械。
[*2] ことなる国の企業が事業をおこなうために、共同で資本を出しあって、ともに経営にたずさわること。
[*3] 1979年にイランでおこった、イスラム教にもとづく革命。

さまざまな機材を運ぶ

時代が進むにしたがって、多種多様な輸送の需要が出てきました。1991（平成3）年にスタートし1999（平成11）年に完了した、アメリカ・ハワイ島でのすばる望遠鏡の建設工事は、「すばる計画」とよばれ、資材の輸送作業すべてを日本通運が取りしきりました。望遠鏡に組みこまれる、当時世界最大だった直径8.2mの主鏡は、ア

▼淡水化プラントの全景。

見学！日本の大企業 **日本通運**

▲▼完成したすばる望遠鏡（左）と、ハワイ島、マウナ・ケア山山頂をめざしてトレーラを引く日本通運の車両（上）。

メリカのニューヨークからハワイ諸島のホノルルに運ばれ、特殊なトレーラで標高4200mのマウナ・ケア山山頂に運びあげられました。

美術品を輸送する

日本通運が得意とするもうひとつの分野は、美術品の輸送です。長年積みかさねてきた技術と経験によって、美術品専用車両や専用コンテナから、梱包用の資材までを独自に開発しました。とくに、第二次世界大戦後に海外から日本に輸送された有名な美術品は、そのほとんどが日本通運の作業によるものといえるほどです。

● 1964（昭和39）年：「ミロのビーナス」

「ミロのビーナス」は、フランス・パリのルーヴル美術館に展示される、古代ギリシアで制作された彫刻の女性像。この像が、ただ一度国外に出たのは日本だった。船旅で像のつなぎ目が少しはがれ落ちたため、東京から第2会場のある京都へ移動するときには、前もってトレーラの走行実験をして振動のぐあいをたしかめたうえ、31時間かけて、慎重に運んだ。

◀「ミロのビーナス」を船からおろすときに大勢の人が集まった。

● 1965（昭和40）年：「ツタンカーメンの黄金のマスク」

ツタンカーメンは、古代エジプトのファラオ（統治者）。その墓から、ミイラにかぶせられた黄金のマスクが発見された。マスクは、エジプト・カイロからはじめて国外に出て、上野の東京国立博物館まで輸送された。荷づくり用の特別な和紙や布などの資材はすべて日本から送られた。

▲ツタンカーメンの黄金のマスク。

● 1974（昭和49）年：「モナ・リザ」

「モナ・リザ」は、イタリアの美術家レオナルド・ダ・ヴィンチがえがいた、ほほえみで有名な女性の肖像画。フランス・パリのルーヴル美術館に展示されていて、アメリカに一度渡っただけで、日本は二度目の国外だった。フランスの特別機で、フランス文化省の担当者やルーヴル美術館館長とともにやって来た。

▲「モナ・リザ」。

● 1999（平成11）年：絵画「自由の女神」

日本とフランス間で開催された、美術品の交換展示プロジェクトにより輸送されてきた、ドラクロワ作の名画「民衆を導く自由の女神」は、たて2.6m、横3.25mと巨大なもの。世界最大級の貨物機エアバスA300型機で空輸された。絵画のキャンバスももろくなっていたため、上空の気圧と温度にたえられるように、3重の特殊な箱が用意された。

◀「民衆を導く自由の女神」。

12 現送から警送へ

社会でもとめられるもうひとつの重要な輸送の分野が、現金輸送。経済がぐんぐん成長した時代にはじまった日本通運の現金輸送部門は、社会の必要にともなって発展した。現在ではシステムも警備員も、業界トップの品質だ。

現金輸送が注目

輸送という仕事がはやくから社会的に認められていたアメリカでは、現金輸送（現送）の専門業者が19世紀なかばからありました。日本通運では1965（昭和40）年に現送事業部を発足させ、取りあつかいをはじめました。ところがそれからまもなく、あるきっかけで現金輸送警備が注目されるようになりました。1968（昭和43）年に東京の府中市で銀行の現金輸送車がにせの白バイに止められ、3億円がうばわれるという事件がおこったのです。これをきっかけに現金輸送警備の需要がいっきに高まったのを受けて、その後日本通運では毎年、現送事業部の人員をふやし、発足から8年後には約2200名、現金輸送車約1000台が全国を走るようになりました。

警備輸送がはじまる

日本通運が現送部門を強化していったころ、残念ながら、現金輸送車をねらった襲撃事件があい

▲現金輸送車第1号。

つぎました。もともと日本通運は輸送業だったこともあって、当初は警備体制がそれほど充実していませんでした。そこで日本通運は意識をかえ、顧客の期待に100％の安全性でこたえることをめざし、警備に重点をおくことにしました。現金輸送車には、内部に金庫室をつくり、扉を二重にし、さらにさまざまな安全装置や防犯装置を取りつけました。組織の名称も警備輸送（警送）部にあらため、従業員は防犯訓練をくりかえしました。1970（昭和45）年以降は同業他社もふえ、競争がはげしくなっていきましたが、日本通運は独自の技術とサービスにより、警備輸送の体制を充実させていきました。

◀▲防犯訓練（左）や本番さながらの模擬訓練（上）を、定期的におこなう。

見学！日本の大企業　日本通運

● 沖縄への現金輸送作戦

①日本銀行地下室でコンテナを積みこむ。　②パトカーに先導されて出発。　③65tクレーンで船積み。　④海底もパトロールした。

空前の現金輸送作戦

　現送事業部初期の一大プロジェクトは、東京から沖縄へ大金を輸送したことでした。
　沖縄は1972（昭和47）年5月にアメリカから日本に返還され*1、沖縄県となりましたが、それにともなって、通貨がドルから円に切りかわるため、540億円という大金が東京の日本銀行から輸送されました。輸送作戦は返還の半月前からはじめられ、海賊などの襲撃を受けないよう、極秘におこなわれました。重さは全部で320t、紙幣は小型の合成樹脂の箱にわけられ、硬貨は2万袋の麻袋に入れられました。それらは日本通運の3tコンテナ161個におさめられ、東京港から海上自衛隊の輸送艦で沖縄に運ばれました。役目が終わって円と交換されたドルは、船と飛行機でアメリカ・サンフランシスコまで、これも日本通運が運びました。これらのプロジェクトを安全・確実になしとげたことが、沖縄返還という国家的事業の支えとなったのです。

CSDを提案する

　スーパーやコンビニエンスストア、外食産業などでは、一日の売上は夜間金庫などから銀行におさめられています。この危険がともなう入金作業を、日本通運が開発したシステムによって、販売店にかわって安全におこなうのがCSDです。CSDとはCash Safety Delivery（「現金を安全に運ぶ」の意味）のかしら文字で、オンライン*2入金システムのサービスのことです。店内で現金受渡機に売上を入金すると、日本通運の現金輸送車がまとめて回収し、銀行に入金します。このシステムによって、販売店にとっては安全性だけでなく、売上管理などの作業がなくなる利点もあります。その後ガソリンスタンドなどほかの業種もくわわり、2015（平成27）年現在、日本全国で現金受渡機が2万台以上設置されるほど、多くの店がこのシステムを利用するようになっています。
　同時に、現金輸送の危険性に対応するために、輸送車に乗務する従業員は防弾チョッキを着用するなど、体制を強化しています。2015年現在、警備員は約7500名、警備輸送車は3300台体制で、現金輸送の現場を支えています。

*1 第二次世界大戦終戦後、1951（昭和26）年に日本とアメリカなど連合国とのあいだで結ばれた平和条約で、沖縄はアメリカが統治するとされた。
*2 通信回線につながっているコンピューターシステム。

▼警備員は、ヘルメットに防弾チョッキを着用して任務にあたる。

13 環境への取りくみと社会貢献

日本通運は、環境を保護することと、地域の人びとへの貢献活動をおこなうことによって、社会との結びつきをつよめようとしている。

二酸化炭素（CO_2）削減に向けて

CO_2の増加がおもな原因とされる地球温暖化[1]は、大きな社会問題となっています。なかでも、燃料をもやした排出ガスに大量のCO_2をふくむ自動車には、さまざまな対策がとられています。日本通運ではそのような取りくみを環境経営と位置づけ、業界のリーダーとして先頭にたっています。

トラックなどの車両対策では、ガソリン車から、よりCO_2の発生が少ない天然ガス車への切りかえ、ハイブリッド車[2]やLPG（液化石油ガス）車の導入などを積極的に進めています（2014年3月現在、天然ガス車346台、ハイブリッド車850台、LPG車389台）。

トラックの運行距離を少なくするためのくふうとして、ターミナルで荷物をまとめる共同集配や共同運行などもおこなっています。さらに、鉄道や船舶へのモーダルシフト（→p13）には、上海スーパーエクスプレス（→p22）など、多くの成功例があります。梱包の面でも、引越し用の反復資材を活用した「えころじこんぽ」（→p17）は、環境にやさしいと評判です。

エコドライブ[3]をおし進める

環境にやさしい輸送の取りくみのひとつとしておこなっているのが、エコドライブの推進です。日本通運では2013（平成25）年9月から、ト

---

[1] 石油・石炭などの化石燃料がもやされて生じるCO_2などにより、地球の大気が温室のようにあたたまる（温室効果）ことで、地球全体の平均気温が上昇する現象。気候変動や、極地の氷がとけて海水位の上昇などが引きおこされる。

[2] ガソリンエンジンやディーゼルエンジンと、電池によるモーターの回転を組みあわせた動力源をつかう自動車。

[3] 燃費（燃料消費率）を向上させるために、乗り物のドライバーがおこなう運転のくふう。

▲▼ えころじこんぽ用梱包資材の「食器トランク」（左）と、鉄道へのモーダルシフトでつかわれる、スーパーグリーン・シャトルライナー（下、→p13）。

▼静岡県・伊豆の国市にある日本通運の研修センターで、エコドライブ講習をおこなうようす。

ラックにドライブレコーダーを搭載しはじめました。これは、ドライバーが、速度超過・急加速・急減速・むだなアイドリング（暖機運転）などをおこなったことを記録し、安全なエコドライブの訓練に役だてようとするものです。これによって、従業員の意識を高め、環境・安全・コストの3つの面で効果的な運転ができるようにしています。日本通運は、2012（平成24）年には交通エコロジー*1を進める財団から、物流業界初のエコドライブ講習団体に認定されました。

*1 自然環境を保護し、人間の生活との共存をめざすという考え方。

環境保全活動に取りくむ

CO_2の削減をはじめとした環境の保全に向けて、日本通運はさまざまな取りくみを進めています。

日本通運 ミニ事典

ハイブリッドトランスポーター

日本通運は、イタリアの会社と共同開発したハイブリッドトランスポーター（輸送車）を導入した（2014年）。トランスポーターはさまざまな超重量物を運搬するが、ふつうのエンジンでは、換気設備などの排出ガス対策が必要だった。開発した車両は、エンジン走行と電動モーターによるバッテリー走行を切りかえ、屋内ではバッテリー走行だけで駆動させることで、排出ガスゼロを実現した。

▲ハイブリッドトランスポーター。

●日通の森

地球温暖化の防止と、生物多様性*2の保全のために、日本通運では山形県、鳥取県、静岡県の全国3か所で森林育成活動をおこなっている。そこでは、子どもたちが自宅で育成したブナ、ミズナラ、クヌギなどの苗木を植林したり、野鳥調査をおこなったり、川原にいる生物を学習するなどしている。

*2 地球上に、さまざまな生物が存在していること。

●環境月間の取りくみ

日本通運ではグループ会社全体で、毎年6月の環境月間にあわせて、いっせいに清掃活動をおこなっている。全国で1万人以上の従業員と家族が、駅や公園などの清掃に参加している。なかでも、東京都港区の浜離宮庭園では、2009（平成21）年12月から、6月と12月の年2回、落ち葉集め活動をおこなっている。

▶山形県飯豊町でブナを植林するようす（右）と、鳥取県日南町の日通の森で記念写真（下）。

◀▼日本通運本社ビルの海側に広がる面積25万m^2の、都会にのこされた緑のオアシス、浜離宮庭園（下）と、庭園での落ち葉集め活動のようす（左）。

©Chris 73

▲海外から災害支援のための空輸もおこなった。

人びとを助ける日本通運

　大災害がおきると、ライフライン*が寸断されることがよくありますが、救援物資を運ぶ物流も、人びとの生命を守るライフラインのひとつです。
　1995（平成7）年1月17日におきた阪神・淡路大震災のとき、災害時の指定公共機関（→p4）である日本通運は、その日のうちに神戸支店などに対策本部を設置しました。鉄道が止まったため、トラックと船で救援物資を運ぶ手配がおこなわれました。しかし、道路もあちらこちらで寸断されたため大渋滞が発生。日本通運の活動も大きく制約されました。それでも、2月末までに運んだ飲料水、乾電池などの物資は、トラック1300台分になりました。また海からも、コンテナ船で1万5000個ほどのコンテナを取りあつかって、救援と復興に貢献しました。
　2011（平成23）年3月11日におきた東日

*日常生活に不可欠な、水道・電気・ガスなどの供給システム。

▼東北自動車道を走る救援トラック。

日本通運 ミニ事典
流通を研究する大学

　日本通運は、1965（昭和40）年に学校経営にのりだした。学校法人日通学園を母体とし、流通を研究する大学として開校したのが「流通経済大学」。経済学部経済学科だけの単科大学として、茨城県龍ケ崎市でスタートしたが、その後、陸運・倉庫・海運・国際輸送・物流情報システム・流通システムなど、物流・流通に関連するさまざまな科目が開講された。現在では千葉県松戸市のキャンパスとあわせて、スポーツ健康科学部など5学部8学科の総合大学となっている。流通経済大学は、はやい段階から海外との交流を進め、中国・オーストラリア・アメリカ・ポルトガル・韓国・タイなど、世界各国の大学とのあいだで学生の交流を進めている。またこれまで、流通業界を中心とした日本と海外の経済界に、数多くの卒業生を送りこんでいる。

▶流通経済大学の新松戸キャンパス。

　本大震災では、4月末までにのべ6800台のトラックが救援物資などの緊急輸送をおこないました。さらに、トラックだけでなく、陸・海・空で、考えられるあらゆる方法によって物資を運搬しました。東日本大震災では、災害直後の燃料不足の問題や、情報が混乱すること、さらにその後長くつづくことになる復興をどのように支援していくべきかなど、多くの課題があらわれてきました。これらの課題を一つひとつ検討しながら、日本通運は将来の災害時にさらに効果的に支援がおこなえるように、備えています。

資料編① 拡大をつづける海外ネットワーク

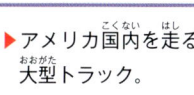

グローバル化の時代にあって、国境をこえた企業の生産・販売活動が加速するなか、日本通運グループはさらに体制をととのえて、顧客の必要にこたえています。

陸・海・空にわたる独自の輸送手段をもつ日本通運は、これまでもその利点を最大に活用して物流サービスを展開してきました。

1962（昭和37）年に、アメリカ・ニューヨークに米国日本通運を設立して、南北アメリカでの事業を本格化したのが、グローバル化のかわきりとなりました。1977（昭和52）年には、オランダに欧州日本通運を設立したことをきっかけとして、ヨーロッパでの拠点を拡充しました。さらに1990年代（平成2年〜）に入ってからは、アジア地域の拠点網も急速に充実させてきました。近年では、日本を代表する物流企業グループとして、世界じゅうどこへでも最適な物流システムを提供する体制ができあがっています。日本通運は現在、グローバル・ロジスティクス・プロバイダー*という役割をはたしているのです。

＊"provider"は、「供給する者」という意味。

▶アメリカ国内を走る大型トラック。

● 日本通運グループの海外ネットワーク（2014年時点）

拠点国数	40の国と地域
拠点都市数	229都市
海外子会社、関連会社合計数	105社
拠点総数	481拠点
海外ネットワーク社員総数	1万8871人

● グローバルに展開する日本通運のトラック

資料編❷

目で見る日本通運の歴史：荷役と車両のうつりかわり

80年近くになる日本通運の歴史のなかで、荷役(→p4)作業につかわれる機械と、車両は大きな変化を示してきました。作業のようすを中心に、日本通運の歴史を見てみましょう。

第二次世界大戦前

▲集配作業には馬車による輸送が活躍していた。

▲戦争中の燃料不足にそなえて開発された、日通式木炭車（ガソリンのかわりに木炭をもやしてエンジンを動かした。1938年ごろ）。

第二次世界大戦後

▲天秤棒を肩にかついで、荷役作業をおこなう。

1951(昭和26)年

▲輸入された小麦の袋づめ作業のようす。

1955(昭和30)年

▶荷役にコンベヤがさかんにつかわれるようになった。

1955〜73年（昭和30〜48年）

▲自動車クレーンがはたらくようす。

▲水平引きこみ式のクレーン。

◀鉄道のプラットホームから貨車のなかに入っていく、リーチフォーク（フォークリフトの一種）「プラッター」が活躍した。

▲荷台がはずせる三輪車もあった。

▶ショベルローダーも活躍するようになった。

▼三輪セミトレーラが大活躍した。

見学！日本の大企業 **日本通運** 資料編

▲ローラーコンベヤをつかった荷役作業。

1974（昭和49）年
▲客室つきの引越し専用車に乗って、移動する家族。

1976（昭和51）年

▲フォークリフトとパレットによる、紙の輸送風景。

▲繊維輸送の拠点、東京物流センターに導入された自動仕分け機。

1980（昭和55）年

▲日本通運は、移動図書館のサービスもおこなった。

1984（昭和59）年
▼東京中央ターミナルに設備された、自動仕分け機。

▲パワーゲート（トラックの後部に装着して使用するエレベーターの一種）で作業する。
▼東京・晴海ターミナルの作業のようす。

2003（平成15）年

▲香川県豊島の廃棄物運搬船「太陽」。

2005（平成17）年

▲愛知県でおこなわれた、20世紀はじめての万国博覧会、「愛・地球博」で、日本通運は、会場への交通機関として、グローバル・トラムを運行した。

2000（平成12）年以降

▲天然ガス車（上）と、ハイブリッド車（下）の導入をはじめた（写真は2014年のもの）。

35

資料編❸
物流博物館を見てみよう！

江戸時代から現代までの物流がひと目でわかる物流博物館で、物を運ぶために人びとがさまざまにくふうしてきた歴史を、見て、聞いて、体験しましょう。

▲地上2階、地下2階の物流博物館。

物流博物館は、日本通運が集めた、約7000件の交通や運輸に関する歴史的資料を収蔵・公開する博物館で、1998（平成10）年8月に開館しました。そのなかでは、江戸時代からの資料や、トラック・鉄道貨物・港・空港、それぞれのターミナルのジオラマ模型などがあり、暮らしと産業にかかせない物流のしくみを理解することができます。

▶天秤棒（左）や、背負いばしご（右）を体験することができる。

● 展示室1階：物流の歴史

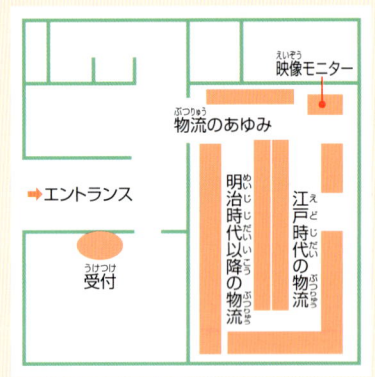

1階では、おもに江戸時代から昭和時代を中心とした、物流の歩みを見ることができます。

▲物流の歴史の展示のようす。

▲江戸時代の東海道・品川宿の問屋場模型。

▲「内国通運」の軒灯（左）と「国際通運」の印半纏（右）。

見学！日本の大企業 **日本通運** 資料編

● 展示室地下1階：現代の物流

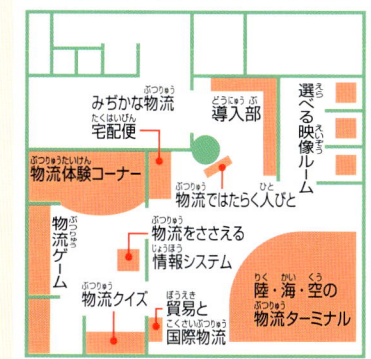

地下1階には、陸・海・空の、現代の物流ターミナルのジオラマ模型（縮尺150分の1）が大きく展示されています。体験やクイズのコーナーもあります。

▲24時間休むことなく動きつづける、物流ターミナルのジオラマ模型全体のようす。

▶鉄道貨物ターミナルのジオラマ模型。JR貨物の東京貨物ターミナル駅がモデル。

▲トラックターミナルのジオラマ模型。京浜トラックターミナル（公共トラックターミナル）がモデル。

▲ジャンボ貨物機の先端部分が開いて、航空貨物を積みこむ場面。成田空港の貨物地区がモデル。

▲ガントリークレーン（→p20）が40フィート（海上）コンテナを船に積みおろすようす。東京港大井埠頭がモデル。

📞 電話：03-3280-1616
🏠 住所：東京都港区高輪4-7-15
〈アクセス〉JR品川駅から徒歩7分、
　　　　　　都営地下鉄浅草線高輪台駅から徒歩7分
〈開館時間〉10:00～17:00（入場は16:30まで）
〈休 館 日〉月曜日・毎月第4火曜日（土・日・祝日は開館）、
　　　　　　祝日の翌日、12月28日～1月4日、展示替期間
〈入 館 料〉高校生以上200円、小中学生無料、
　　　　　　団体20名以上は半額

さくいん

ア
- あかしあ丸 …… 20
- 足のある建設業者 …… 26
- ASEAN …… 23
- アロー便 …… 14
- エコドライブ …… 30, 31
- エコプロダクツ大賞 …… 17
- エコライナー31 …… 13
- えころじこんぽ …… 17, 30
- SS7000 …… 23
- LPG車 …… 30
- 沖縄返還 …… 29

カ
- 海運（事業） …… 10, 11, 20, 21, 22, 32
- 外輪汽船 …… 7
- 貨物輸送 …… 6, 7, 8, 9, 12, 13, 15, 20, 24
- ガントリークレーン …… 20
- クール便 …… 25
- グローバル・ロジスティクス・プロバイダー …… 33
- 警備輸送（警送） …… 28, 29
- 現金輸送（現送） …… 28, 29
- 航空貨物 …… 24, 25
- 高速道路 …… 12, 14, 15
- 小運送 …… 8, 9, 10
- 小運送業法 …… 9
- 国際通運 …… 8, 9
- 国策会社 …… 9, 10
- 混載 …… 22, 23, 24
- コンテナ …… 11, 13, 20, 21, 27, 29, 32
- コンテナ（専用）船 …… 4, 20, 21, 22, 32

サ
- サードパーティロジスティクス …… 19
- さいたま新都心 …… 16
- 佐々木荘助 …… 6
- CSD …… 29
- 汐留駅 …… 9, 12, 13
- 指定公共機関 …… 4, 32
- 上海スーパーエクスプレス …… 22, 30
- ジャンボジェット …… 24, 25
- 正倉院 …… 19
- 新橋（駅） …… 6, 12
- スーパーグリーン・シャトルライナー …… 13
- スーパーペリカン便 …… 25
- すばる望遠鏡 …… 26
- 隅田川駅 …… 13
- 世界日通 …… 4
- 石油化学プラント …… 26
- 倉庫 …… 8, 10, 18, 19, 22, 23, 32
- 総理大臣官邸 …… 16

タ
- ターミナル …… 13, 14, 30, 36, 37
- 第一金綱丸 …… 20
- 大運送 …… 8
- 宅扱 …… 9, 24
- 宅配便 …… 9, 25
- 通運事業 …… 10
- 通運丸 …… 6
- ツタンカーメン …… 27
- 鉄道貨物 …… 10, 12, 13, 36
- 電源開発 …… 15
- 天然ガス車 …… 30
- ドア・ツー・ドア …… 9, 13, 14
- 東京オリンピック …… 24
- 東京都庁 …… 16
- 東京都立大学 …… 16

特別小口扱 ················· 9	マル通マーク ················ 6, 7
トラック ········· 4, 5, 7, 9, 10, 12, 13, 14, 15, 16, 20, 21, 22, 23, 30, 32, 36	ミロのビーナス ················ 27
	民衆を導く自由の女神 ············ 27
トランクルーム ················ 17	モーダルシフト ············ 5, 13, 30
トレーラ ··········· 11, 15, 21, 26, 27	モナ・リザ ···················· 27

ナ

内航 ······················ 20, 21
内国通運 ················· 6, 7, 8, 9
日通航空 ·················· 24, 25
日通の森 ····················· 31
日本通運株式会社法 ············ 9, 10
荷役 ················ 4, 11, 13, 20, 34
ネットワーク ········· 6, 10, 12, 14, 15, 18, 20, 23, 33

ヤ

郵便 ························ 6
ユニットロード・システム ·········· 11

ラ

陸運元会社 ··················· 6, 7
流通 ···················· 4, 18, 32
流通経済大学 ·················· 32
臨海工業地帯 ·················· 12
RORO船 ···················· 21, 22
路線トラック ················ 10, 14

ハ

ハイブリッド車 ················· 30
ハイブリッドトランスポーター ······ 31
箱根丸 ······················ 21
馬車 ························ 7
パレット ····················· 11
半官半民 ······················ 0
飛脚 ························ 6
引越しは日通 ··················· 4
フェリー ··················· 20, 21
フォークリフト ················· 11
物流 ············ 4, 8, 12, 14, 18, 19, 20, 22, 23, 24, 31, 32, 33, 36, 37
物流博物館 ···················· 36
防衛庁 ······················ 16

マ

前島(密) ···················· 6, 7

39

■ 編さん／**こどもくらぶ**

「こどもくらぶ」は、あそび・教育・福祉の分野で、こどもに関する書籍を企画・編集しているエヌ・アンド・エス企画編集室の愛称。図書館用書籍として、以下をはじめ、毎年5〜10シリーズを企画・編集・DTP製作している。

『家族ってなんだろう』『きみの味方だ！ 子どもの権利条約』『できるぞ！NGO活動』『スポーツなんでも事典』『世界地図から学ぼう国際理解』『シリーズ格差を考える』『こども天文検定』『世界にはばたく日本力』『人びとをまもるのりもののしくみ』『世界をかえたインターネットの会社』（いずれもほるぷ出版）など多数。

■ 写真協力（敬称略）

日本通運株式会社、鉄道博物館、日本貨物鉄道株式会社、
中日本高速道路株式会社、物流博物館、フォトライブラリー

■ 企画・制作・デザイン

株式会社エヌ・アンド・エス企画
尾崎朗子、吉澤光夫

> この本の情報は、2015年1月までに調べたものです。
> 今後変更になる可能性がありますので、ご了承ください。

見学！日本の大企業 日本通運

初 版　第1刷　2015年3月25日

編さん	こどもくらぶ
発　行	株式会社ほるぷ出版
	〒101-0061 東京都千代田区三崎町3-8-5
	電話　03-3556-3991
発行人	高橋信幸

印刷所　共同印刷株式会社
製本所　株式会社ハッコー製本

NDC608　275×210mm　40P　　ISBN978-4-593-58720-9　Printed in Japan

落丁・乱丁本は、購入書店名を明記の上、小社営業部宛にお送りください。送料小社負担にて、お取り替えいたします。